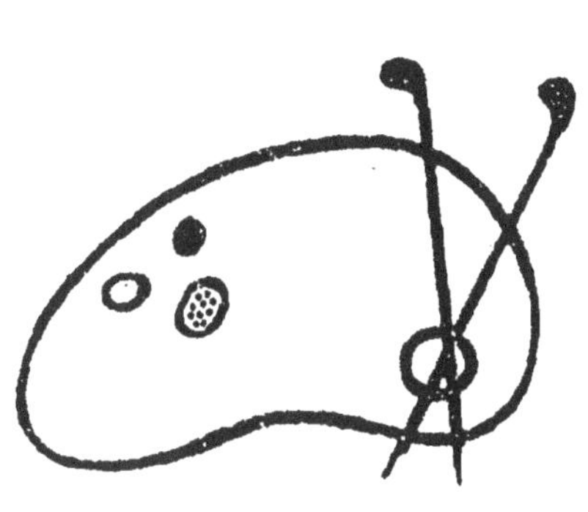

Début d'une série de documents
en couleur

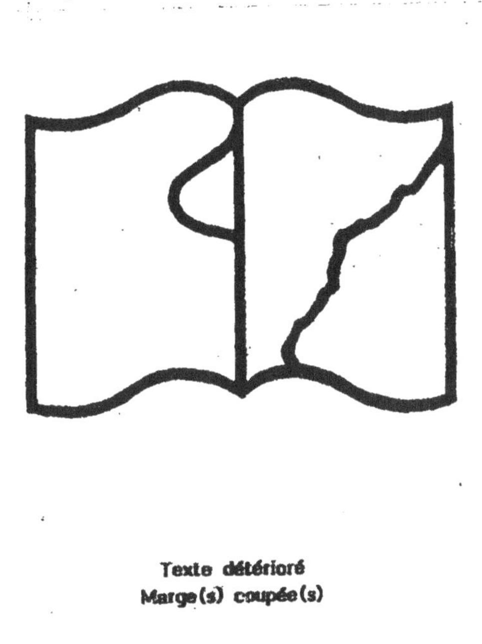

Texte détérioré
Marge(s) coupée(s)

REVUE

D'HISTOIRE DIPLOMATIQUE

PUBLIÉE PAR LES SOINS

DE LA

SOCIÉTÉ D'HISTOIRE DIPLOMATIQUE

DIXIÈME ANNÉE. — N° 4.

PARIS

ERNEST LEROUX, ÉDITEUR

28, RUE BONAPARTE, 28

1896

SOMMAIRE

Comité de rédaction

MM. SCHEFER, *président* ; le comte de MAS LATRIE, de VORGES, FUNCK-BRENTANO, d'AVRIL, R. LAVOLLÉE.

Directeur de la Revue : M. de MAULDE.

N. B. — Le bureau de la *Revue* est ouvert tous les jours, sauf les dimanches et jours fériés, de 9 à 11 heures du matin.

Tous les envois destinés à la *Société* et à la *Revue d'Histoire diplomatique* peuvent être adressés, 5, rue Saint-Simon, ou à M. de Maulde, 10, boulevard Raspail (pour le personnel de la Société et la rédaction) ; à M. Noël, 70 bis, rue de l'Université (pour les cotisations).

Les auteurs sont seuls responsables des opinions émises dans leurs articles.

CONDITIONS D'ABONNEMENT

Un an : Paris, 20 fr. — Départements, 22 fr. — Étranger, 23 fr.

N. B. — Les membres de la *Société d'Histoire diplomatique* reçoivent de droit la Revue et les autres publications de la Société (Cotisation, 20 fr. par an).

La direction de la Revue recevra avec reconnaissance les communications des membres de la Société relativement à leurs travaux.

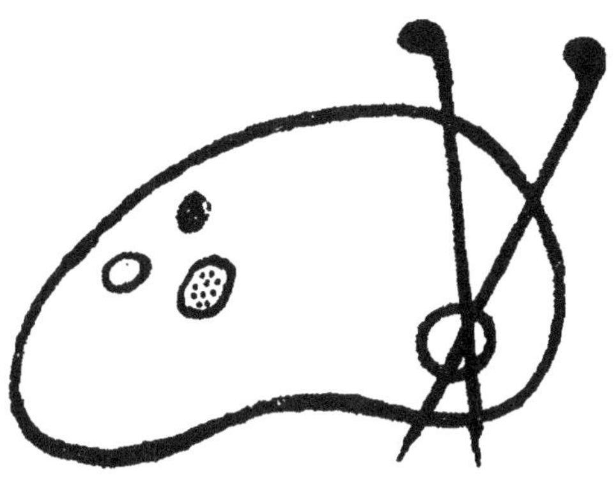

Fin d'une série de documents
en couleur

ANNEXIONS DE COLLECTIONS D'ART OU DE BIBLIOTHÈQUES

ET LEUR ROLE DANS LES RELATIONS INTERNATIONALES

Principalement pendant la Révolution Française

(Fin)

VIII

On a vu, dans la première partie de cet essai, avec quelle bonne volonté certains souverains se soumirent aux injonctions du vainqueur ; il n'en alla pas de même des municipalités : plusieurs d'entre elles opposèrent la résistance la plus opiniâtre, la plus savante. Tel fut le cas de l'antique cité de Pérouse. Nous sommes particulièrement bien informés de tous les détails de la lutte, grâce aux documents découverts par M. Rossi[2] et traduits par M. Buret dans son travail sur le Pérugin du musée de Caen[3]. En voici la substance :

Le 30 pluviôse an V (18 février 1797), le commissaire Tinet se présenta devant le magistrat de Pérouse, avec un ordre du général Victor, commandant l'expédition de Rome, pour prendre connaissance des tableaux qui pouvaient exister dans ce gouvernement. Les Pérugins mirent un empressement extraordinaire à

[1] Voy. la *Revue* de 1894, p. 481-497, et de 1895, p. 375-393.

[2] *Giornale di Erudizione artistica*, t. V, p. 224-256, 288-303, 321-352 ; t. VI, p. 3-25. Voy. aussi Redon, t. I, p. 216-217.

[3] *Histoire d'un Tableau (le Pérugin de Caen).* Caen, 1882.

faciliter les investigations, qui s'étendirent aux tableaux, à la fois aux manuscrits et aux incunables ; mais quand il s'agit de livrer leurs trésors, ils usèrent de tous les artifices imaginables. Comme ils avaient déjà été dépossédés de trois tableaux, un Raphaël et deux Pérugins, à la suite de l'armistice de Bologne, ils recoururent aux protestations et aux faux-fuyants, invoquant tantôt le manque de véhicules et tantôt le manque de bêtes de somme pour opérer le transport. La pétition qu'ils adressèrent, le 1er mars, au général en chef est un document trop curieux pour que je résiste au plaisir de le reproduire ici :

« Excellence. La justice, la discipline, le bon ordre ont été les compagnons inséparables de la troupe française commandée par le valeureux général Lannes. Notre population en demeure convaincue et elle exprime à Votre Excellence les sentiments de sa plus vive reconnaissance par la bouche de nous, qui représentons actuellement les pouvoirs publics. Nous avons l'honneur de l'assurer que les Pérugins aussi s'efforcent de répondre à ces traits de bonté autant qu'il leur a été possible. Le général de brigade, les officiers et leurs compagnons d'armes, ont l'obligeance de s'en déclarer satisfaits. Une seule chose troublait cette satisfaction réciproque : c'était la réquisition faite par le commissaire Tinet, non-seulement des trois superbes tableaux, choisis en exécution de l'armistice conclu à Bologne, mais de bien d'autres, au nombre de vingt-sept, sans parler de plusieurs manuscrits disséminés dans diverses bibliothèques. Les bons citoyens ont cru devoir interposer leurs offices et auprès du ministère français à Rome et auprès du général Victor, pour suspendre au moins l'expédition des tableaux et des manuscrits susdits, jusqu'à ce que l'on eût appris la décision et l'oracle (sic) autorisé de Votre Excellence. Cette suspension a été gracieusement accordée. Il reste maintenant, qu'usant de ces traits éclatants de générosité qui la distinguent à un si haut degré, elle daigne consoler cette population entière en lui permettant de conserver ces antiques monuments qui forment le plus grand lustre de la cité, et dont plusieurs nous sont chers en tant que souvenirs d'un de nos glorieux concitoyens. Notre reconnaissance est ineffaçable. Celui qui porte le front ceint de tant de lauriers, qui a rempli l'univers de son nom, qui fera l'admiration de la postérité, ne saura refuser cette grâce à ceux qui l'implorent humblement au nom public, et qui ont l'honneur d'être, avec les sentiments de respectueux dévouement »....

Mais toutes les sollicitations furent vaines : le 17 mars, le général Chataignier ordonnait l'expédition des tableaux dans le plus bref délai possible.

Le palais pontifical de Lorette fut à son tour mis à contribution : il fournit trois tableaux et un dessin représentant le *Baptême du Christ*. Quant au trésor, on le dépouilla de sept vases en agate ou en cristal de roche [1]. La statue de la Vierge, confisquée le 27 pluviôse an V, fut expédiée à Paris au mois d'août 1798 seulement. Déposée au Cabinet des Médailles, elle fut rendue à Pie VII en 1804 [2].

La plus précieuse de ces dépouilles fut un des chefs-d'œuvre de Raphaël : la *Madone de Lorette*, dont, comme chacun sait, on a perdu toute trace. On ignorait jusqu'ici si ce tableau avait été réellement livré aux commissaires français, bien plus, s'il se trouvait encore à Lorette à la fin du siècle dernier [3]. L'assertion du « Specchio » cependant est formelle : il enregistre « una Madonna di Raffaele, già a Loreto, in tavola » (c'est-à-dire sur panneau) [4]. Ainsi se trouve comfirmée le récit de Rehberg [5] qui

---

[1] « Sous prétexte d'envoyer à Paris les reliques de Notre-Dame de Lorette, où elles n'avaient que faire, on s'empara de son riche trésor, notamment des lames d'or massif dont le plafond et les murs de la petite chapelle étaient entièrement couverts » (*Mémoires du général baron Thiébault*, éd. Calmette, t. II, p. 145).

[2] Trolard, *De Rivoli à Marengo et à Solférino*, p. 110-111.

[3] Passavant, *Raphaël d'Urbin*, t. II, p. 102.

[4] *Correspondance de Napoléon 1er*, t. III, p. 663. On relève en outre, sur la même liste, une « Madonna di Raffaele in tavola », provenant du palais Braschi et un « Christo di Leon. da Vinci in rame », provenant de la villa Albani.

[5] *Rafael Sanzio von Urbino*, p. 64. Munich, 1824. Serait-ce à ce détournement que fait allusion une lettre de Daunou en date du 3 avril 1798 ? Mais alors la *Madone de Lorette* aurait été retrouvée. Quoiqu'il en soit, voici ce document : « Les mesures que nous avons prises d'après vos arrêtés ont fait reparaître plusieurs objets précieux qui avaient été déclarés perdus ; en tableaux, par exemple, un *Christ* de Léonard de Vinci, une *Vierge* de Raphaël », etc. (Taillandier, p. 182). La *Notice des principaux Tableaux recueillis en Italie comprenant ceux de l'État de Venise et de Rome* (an VII) ne mentionne, ni la *Vierge de Lorette*, ni le *Couronnement de Saint-Nicolas de Tolentino*, également de Raphaël, qui disparut vers la même époque sans laisser de traces.

ajoute les détails que voici : la *Madone de Lorette*, avant d'être envoyée à Paris, en vertu du traité de paix, fut exposée à l'Académie de France à Rome, puis emballée avec le plus grand soin et expédiée avec d'autres œuvres d'art. Mais, à l'arrivée, on trouva dans la caisse une copie non fixée (« nicht befestigte ») et endommagée, à la place de l'original, et toutes les investigations demeurèrent infructueuses. Aujourd'hui, ajoute Rehberg, on sait cependant que l'original existe encore.

IX

Lorsque l'armée française s'empara de Rome, les derniers scrupules avaient depuis longtemps disparu : aussi la Ville éternelle, pour avoir échappé plus longtemps à l'invasion, n'en fut-elle que plus durement traitée.

Quelques mots d'abord sur les négociations qui réglèrent le sort des collections romaines.

L'armistice conclu à Bologne le 5 messidor an IV (23 juin 1796) entre Bonaparte et les envoyés de Pie VI, porte que « le Pape livrera à la République française, cent tableaux, bustes, vases ou statues au choix des commissaires qui seront envoyés à Rome, parmi lesquels objets seront notamment compris le buste en bronze de *Junius Brutus* et celui en marbre de *Marcus Brutus*, tous les deux placés au Capitole, et cinq cents manuscrits au choix des commissaires [1]. »

Le traité de Tolentino (1 ventose an V, 19 février 1797) consacra cette clause : il fut stipulé que les objets d'art et les manuscrits cédés à la France par l'armistice de Bologne seraient sur le champ dirigés sur Paris.

L'article XII ajoutait qu'indépendamment de la somme énoncée dans les articles précédents, le Pape payerait à la République « en numéraire, diamants et autres valeurs, la somme de quinze millions de livres tournois de France, dont dix millions dans le courant du mois de mars (etc.) ».

[1] *Spicilegio Vaticano*, t. X, p. 415. Rome, 1890.

Une nouvelle période s'ouvre avec l'entrée de l'armée française à Rome (février 1798), à la suite de l'assassinat du général Duphot. Désormais, la Ville éternelle est traitée en ville conquise. Une proclamation de Berthier, que j'ai copiée aux Archives du Ministère de la guerre [1], accorde toute latitude aux commissaires français pour choisir les œuvres, de quelque nature qu'elles soient, qui leur paraîtront dignes d'être envoyées à Paris. Bien plus, les collections particulières de Pie VI, des familles Albani et Braschi sont confisquées, à titre de représailles pour l'assassinat de Duphot.

A ce moment, malheureusement, beaucoup d'excès furent commis, mais le corps des officiers français fut le premier à protester contre eux : ils ne sauraient en aucune façon entacher l'honneur de notre armée [2]. La protestation suivante, récemment publiée par M. l'abbé Battifol, nous apprend quels furent les vrais coupables [3] :

« Rome, 28 frimaire an 7 de l'ère républicaine. Les commissaires du Directoire exécutif de la République française envoyés à Rome, instruits que les Napolitains, pendant le peu de moment (*sic*) qu'ils ont passé à Rome, ont commis dans le Museum, les Archives et la Bibliothèque du Vatican les déprédations les plus honteuses et ont renouvellé (*sic*) les exemples de barbarie qu'ont donné (*sic*) autrefois dans cette ville les Goths et les Vandales [4], arrêtent ce qui suit : Article premier.

[1] « Au gouvernement de Rome. — 22 pluviose an VI. — Art. 6. Le gouvernement de Rome payera dans trois décades une contribution extraordinaire de quatre millions de piastres effectives et deux millions de piastres en biens à son choix. — Art. 14. Il sera enlevé de la ville de Rome les tableaux, livres et manuscrits, statues et objets d'arts (*sic*) qui seront jugés dignes d'être transportés en France d'après l'ordre du g^l en chef sur l'avis d'une commission nommée *ad hoc*. — Art. 18. L'armée françoise se rendra au Capitole pour y rendre hommage aux grands hommes qui ont illustré la Répub. Romaine. Cet hommage sera transmis à la postérité par une inscription tracée au Capitole. — Art. 19. Le culte, les temples et leurs ministres, les personnes et les propriétés seront garantis et respectés » (*Archives du Ministère de la Guerre*, B. M., fol. 62).

[2] Voy. Zanelli, *La Biblioteca Vaticana*, p. 96.

[3] *Bulletin de la Société des Antiquaires de France*, 1889, p. 112.

[4] Le 27 mars 1801, le roi des deux Siciles s'engageait à faire restituer à la République française les statues, tableaux, et autres œuvres d'art enlevées à Rome par les troupes napolitaines. (Zobi, *Storia civile della Toscana*, t. III, App., p. 226.

Les grands édiles feront faire la recherche la plus sévère des individus qui auraient pu prendre part au pillage des effets déposés au Vatican.— Article II. Tout individu qui aurait acheté des effets provenant de cet établissement est tenu de les restituer dans les trois jours qui suivront la publication du présent arrêté, sous peine d'être immédiatement arrêté et traduit à la commission militaire pour être jugé. — Article III. L'agent en chef des finances établira un préposé au Vatican pour faire la recherche des objets qui ont été dilapidés et remédier autant qu'il sera possible aux dégâts qui ont été commis. — Article IV. Les objets détournés et vendus devront être remis à ce préposé, qui en tiendra registre, et délivrera des récépissés aux porteurs. Ces récépissés seront en outre signés par le gardien du dépôt auquel ces divers objets appartenaient. — Bertolio. — Par (*sic*) la Commission, le secrétaire de la Commission par intérim, Duveyrier. »

Bientôt l'ambition des conquérants ne connut plus de frein. Ne songèrent-ils pas à démolir la colonne Trajane pour la réédifier à Paris ! Écoutons Daunou :

« Nous envoyons un obélisque ; mais quant à la colonne Trajane, il y a deux obstacles : 1° la dépense, qui n'est point calculable ; l'arrêté que vous avez pris et ordonné d'afficher dans Rome, portant qu'il n'en serait enlevé aucun monument public. Cet arrêté nous est opposé, toutes les fois qu'il s'agit d'objets d'art, par les consuls, et surtout par Visconti, antiquaire de profession et homme de lettres très éclairé. — « Il paraît que vous renoncez à la colonne Trajane ; au fond, ce serait une entreprise extrêmement dispendieuse [1]. »

[1] Lettres du 15 avril et du 20 mars 1798, par Taillandier, p. 128, 133-134. Voici ce qu'on lit à ce sujet dans les commentaires ajoutés par le général Pommereul à la traduction de l'ouvrage de Milizia : *L'art de voir dans les Beaux-Arts* (Paris, an VI, p. 314-315) : « La colonne Trajane. Les uns la voudraient voir remplacer la statue qui ornait le Pont-Neuf ; mais isolée dans ce trop vaste emplacement, l'air l'y dévorerait. Son habile architecte savait bien qu'il lui fallait un cadre, et il le lui avait donné en la plaçant au centre du Forum de Trajan : elle le retrouverait à Paris, si on la faisait succéder au piédestal actuel de la place Vendôme, et ornerait à la fois les Tuileries et le boulevard, lorsqu'on ouvrira sur l'emplacement des ci-devant Feuillans et des ci-devant Capucines, la magnifique rue dont ce terrain devrait déjà être percé. La liberté se réjouirait de voir sa statue succéder sur le sommet de cette belle colonne à celle de l'apôtre Pierre. L'idée de l'enlèvement et du transport de ce monument paraît d'abord gigantesque, et elle ne l'est aucunement. La dépense aussi ne doit pas effrayer, car il

Mais ce n'est là qu'une faible partie du programme tracé par les énergumènes. Le général Pommereul y fait, en outre, figurer « les Chevaux de Phidias et de Praxitèles, qu'appellent le pont de la Révolution et la place de la Concorde, et qui y figureraient mieux qu'à Monte-Cavallo. »

« Si la peinture, ajoutait-il, avait besoin de ces grandes fresques qui ornent encore le Vatican, immenses compositions où brille tout le génie de Raphaël, il suffit à la République française de les désirer pour les acquérir ; elle seule possède les artistes capables de l'en enrichir, et un signe de sa part peut opérer le miracle de la translation au Musée français »[1].

De telles époques sont faites pour tremper les caractères, exalter les qualités natives, provoquer les contrastes, parfois aussi alors les contradictions. Rome trouva, dans les deux camps opposés, deux savants illustres qui se dévouèrent avec une égale ardeur aux trésors dont ils avaient la garde et les suivirent tous deux à Paris ; l'un, pour les organiser en vue d'une installation définitive dans sa patrie d'adoption ; l'autre, pour les rendre intacts au Saint-Siège le jour de la réparation. La conduite de Gaetano Marini, l'illustre érudit, le dévoué préfet des Archives vaticanes, fut au-dessus de tout éloge ; à la fois doux et patient, souple et tenace, il accepta le nouvel ordre de choses sans renoncer à ses convictions. Il estima que sa place était auprès du dépôt confié à ses soins, et, ce dépôt, le vieillard ne le quitta pas un instant ; il en surveilla le transport à Paris, l'accompagna en exil et mourut près de lui, en 1815, sur la terre étrangère. Plus fougueux, le grand Ennius Quirinus Visconti, embrassa avec ardeur les idées nouvelles, mais lui aussi suivit en France les marbres qu'il avait décrits et analysés avec tant d'amour lorsqu'ils faisaient encore partie des collections romaines.

s'agit seulement de quelques pas à faire de son emplacement au Tibre, et ce fleuve, la mer, le Rhône, la Saône et la Seine, sont ensuite une voie peu coûteuse pour se rendre de Rome à Paris. »

[1] *L'Art de voir dans les Beaux-Arts*, p. 315.

Notre compatriote, le savant et sage Seroux d'Agincourt, crut qu'en sa qualité d'hôte de la Ville éternelle, il avait le devoir de s'abstenir. Il répondit aux avances par une lettre que j'ai copiée autrefois à la Vaticane et qu'il ne sera pas hors de propos de reproduire ici.

« Amico carissimo ; Sentendo dalla voce pubblica e dalla proclama stampata, che mi trovavo ascritto dal generale france se nel numero de letterati componenti l'instituto nazionale romano per la classe di Filosofia, Belle Lettere ed Arti liberali, ho ben capito che un onore tale mi veniva promosso dalla di Lei amicizia e da' rapporti troppo favorevoli del console Visconti e dell (*sic*) ministro Corona. Ma d'una parte credendomi ben lontano dalla capacità e troppo sproveduto delle cognizioni necessarie per sedermi merite volmente accanto di personnaggi miei maestri, tutti noti, quanto sono loro, a tutto il mundo pel erudizione e le qualità letterarie le più cospicue, e d'un altra parte trovandomi aggravato, più che mai dagli incommodi dispiacevoli ed assai dolorosi, di cui ella stessa è stata testimonio più volte, incommodi tanti che non mi permettono ne seduta, ne funzione pubblica, mi sono jeri presso del generale francese, del console Visconti e dell' (*sic*) ministro Corona, scusato di accettare l'onore ed il favore, dalla loro benevolenza destinato a me, e non potendo potar me da Lei, le ne do avviso, pregandola di unirsi a me per manifestare, colla sua sollita gentilezza, a suoi degni associati tutta la mia gratitudine... (suivent les formules d'usage). D'Agincourt. Di casa, a di 4 di aprile 1798.

(Sans adresse, mais probablement écrite à Gaetano Marini).
(Bibliothèque du Vatican, fonds latin, n° 9042, ep. 156).

Dans ces divers conflits, on comprend l'embarras qu'éprouvèrent les hommes de science, étrangers aux luttes politiques. Les deux savants français qui présidèrent à ces mesures n'étaient pas moins faits, par leur savoir et par leur caractère, pour imposer le respect même à ceux qu'ils dépouillaient. Monge, Daunou, comptent, l'un dans le domaine des sciences physiques, l'autre, dans celui de l'érudition, parmi les plus illustres représentants de cette forte génération sortie du sein de l'*Encyclopédie*. Particulièrement délicate fut la tâche confiée à Daunou. Cet érudit illustre, cet organisateur infatigable, dont je m'honore d'occuper le fauteuil à l'Académie des Inscriptions, avait été nommé administrateur de la Bibliothèque du Panthéon, le 17 floréal an V. Le 12 pluviôse de l'an VI, il fut envoyé à Rome, où il resta jusqu'au 20 messidor de la même année, occupé à recueillir, soit pour la Bibliothèque nationale, soit pour la Bibliothèque du Panthéon, les plus beaux manuscrits ou imprimés des bibliothèques confisquées [1]. Il fit preuve à la fois de fermeté et de modération [2].

X

L'histoire du musée du Vatican pendant cette période si troublée est encore toute à faire, comme d'ailleurs l'histoire correspondante du musée du Louvre, je veux dire l'histoire des séries ou des ouvrages isolés que notre grand musée national a tiré de l'Italie à la fin du siècle dernier. Ai-je besoin d'ajouter que je n'ai même pas la prétention d'effleurer ici le sujet [3] ?

[1] On trouvera les informations les plus complètes sur cette mission dans le volume de Taillandier : *Documents biographiques sur P. C. F. Daunou* (Paris, 1847), et dans la brochure de M. H. Lavoix : *Daunou et la Bibliothèque du Panthéon (Sainte Geneviève). Introduction au Catalogue des Incunables rédigé par Daunou.* Paris, 1892.

[2] « En général je vois qu'il est bon de s'en tenir aux trois cent cinquante caisses ; il n'est ni juste, ni politique, de trop multiplier les enlèvements de cette nature. Les patriotes les plus estimables de ce pays ne les voient qu'avec peine, et il faut convenir qu'en leur place nous n'y serions pas moins sensibles. Il faut qu'il y ait un terme à tout et surtout au droit de conquête » (Lettres du 15 avril 1798 ; *apud* Taillandier, p. 134). Voy. aussi plus loin ses observations au sujet du transport de la colonne Trajane.

[3] Pour la détermination des œuvres d'art, transportées de Rome en France, nous disposons de plusieurs documents, malheureusement plus ou moins sommaires.

Le premier jour complémentaire de l'an V les commissaires éprouvèrent le besoin de faire imprimer une liste donnant le détail du splendide butin que nos armées avaient recueilli. Cette plaquette rarissime, qui semble avoir échappé à tous mes devanciers, servit de base aux différentes listes publiées en Italie. Elle est intitulée : *List3 des principaux objets de sciences et d'arts recueillis en Italie par les commissaires du Gouvernement français.* Extrait des procès-verbaux restés à la commission et imprimé à Venise, le premier jour complémentaire de l'an 5e de la République française. Le secrétaire de la commission Couturier (Duplessis, *Catalogue de la Collection de pièces sur les Beaux-Arts...*, n° 1685,

On rapporte que le Vatican perdit à cette occasion plus de 200 camées sacrés, richement enchâssés, une croix pastorale gemmée, très précieuse, un riche vase en or, une infinité de camées profanes, parmi lesquels le fameux Bacchus et Ariane, y compris les 150 camées de la collection de la reine Christine.

La Bibliothèque Vaticane fut tout aussi éprouvée. J'ai essayé dans un travail spécial, de faire connaître les pertes qu'elle subit [1].

Paris, 1881). Le *Catalogo de capi d'opera di Pittura, Scultura, Antichità, Libri, Storia naturale, e d'altre Curiosità trasportati dall' Italia in Francia*, publié à Venise, en 1799, n'est qu'une traduction de la liste dressée par les commissaires français.

Plus incomplet est le catalogue imprimé la même année à la suite des *Osservazioni sullo stato dei diversi Regni, Principati, Pe rovincie democratizzate nel secolo XVIII con lo stato di tutti i Pezzi di Belle arti trasportati a Parigi* (Lausanne, 1799, in-12, de 104 pages).

A ces catalogues de source italienne font pendant les *Notices* publiées par les conservateurs du Louvre à partir du mois de février 1798. On en trouvera la bibliographie dans les catalogues de Villot (*Notice des tableaux exposés dans les galeries du Musée impérial du Louvre* ; 1re partie, p. LI et suiv. — Cf. Reiset, *Notice des Dessins... Première partie. Ecoles d'Italie...* p. XL-XLII. Paris, 1866). — Les *Notices des Statues, Bustes et Bas-Reliefs de la galerie des Antiques du Musée central des Arts, ouverte pour la première fois le 18 brumaire an 9*, donne la liste des statues choisies au Capitole et au Vatican, par Barthélémy, Berthelot, Moitte, Monge, Thouin et Thinet, commissaires à la recherche des objets de sciences et d'arts.

Un document des plus importants et qui, quoique imprimé, semble avoir échappé à l'attention de mes prédécesseurs est le « Specchio generale di tutti gli oggetti d'arti e scienze che partono da Roma per Parigi nell' anno VI, dell' era republicanna (*Correspondance de Napoléon Ier*, t. III, p. 655-664). On y trouve une liste sommaire, — des sculptures, peintures, médailles, vases, manuscrits, livres et dessins provenant des collections suivantes : Villa-Albani, Capitole, Consulta, Vatican, palais Braschi, Bibliothèque du Vatican, église de l'Anima. — L'Etat est signé de Vicar (*sic*), Daunou, Florent, Sieubert, G. Valadier, architecte, de Saint-Martin. — L'état des objets d'art dont nos musées se sont enrichis pendant la guerre de la liberté, figure dans la traduction, donnée par le général Pommereul, de l'ouvrage de Milizia : *De l'art de voir dans les beaux-arts*. Paris, an VI (p. 275-316).

[1] Moroni, *Dizionario di Erudizione storico-ecclesiastica*, t. LXXXI, p. 58-59. Dans son *Histoire de Pie VI*, Novato raconte que le commissaire Cacault offrit à Pie VI de lui rendre les pierreries provenant des tiares pour deux millions de moins que leur valeur : le Pape y consentit et expédia à Milan le joaillier Sartori

Quant à la bibliothèque particulière de Pie VI, elle partagea le sort des meubles appartenant à la famille Braschi : j'en ai fait connaître les vicissitudes dans le mémoire que j'ai consacré à l'histoire de la Vaticane pendant la Révolution française [1]. Il y a peu de mois une épave de cette collection précieuse était mise en vente à Paris, à la salle Sylvestre [2].

XI

La livraison, la mise en gage, puis la vente des diamants faisant partie du Trésor Pontifical, donnèrent lieu à des négociations particulièrement épineuses et à travers lesquelles il n'est pas facile de s'orienter. Voici, en substance, les différentes phases de ce long débat diplomatique.

Pour faire face aux obligations que lui avait imposées le traité de Tolentino, Pie VI livra un premier lot de pierreries, d'une valeur de 11 millions, à déduire sur les 30 millions qu'il s'était engagé à payer. Il sacrifia entre autres les quatre tiares qu'il avait fait refaire (celles de Jules II, de Paul III, de Clément VIII et d'Urbain VIII) [3]. Mais ici se produisent les assertions les plus contradictoires.

D'après les sources françaises, la valeur assignée aux diamants aurait été terriblement majorée. A en croire les auteurs du parti pontifical — et sur ce point je suis tenté d'ajouter foi à

et le banquier Torlonia, afin d'arranger l'affaire. Mais comme les commissaires français demandaient neuf millions en numéraire, le pape dut se contenter de racheter une partie des pierreries.

[1] *Mélanges Julien Havet.*

[2] « 362. Statii. Sylvarum, libri quinque. — Theabidos, libri duodecim. — Achilleidos, duo. — Orthographia et flexus dictionum Græcarum apud Statium. Venetiis, in ædibus Aldi, mense Augusto 1502. 1 vol. in-8, d.-r. Edition rare, complète. » Ce précieux exemplaire a appartenu à Angelo Braschi (le pape Pie VI), dont il porte la signature quatre fois répétée (les notules indiquant le sujet traité dans le passage qui les suit ne me semblent pas être de son écriture). Il m'a été rapporté d'Italie et donné par mon cher et excellent élève James Rotschild (sic) qui aime avec passion la belle littérature et les beaux livres. » (Note de M. A. D., 24 nov. 1862). *Vente Armand Durand.* Picard, fév. 1895).

[3] Moroni, *Dizionario di Erudizione storico-ecclesiastica*, t. XLIV, p. 81.

leur témoignage, — l'estimation aurait été infiniment au-dessous de la valeur réelle, mais les troubles publics n'auraient pas permis de réaliser un prix raisonnable.

Quoiqu'il en soit, Haller, jugeant que les sommes versées ou les gages donnés étaient insuffisants, réclama de nouvelles garanties. Pie VI envoya alors à Gênes un nouveau lot de pierreries, d'une valeur de 10 millions, sur lequel on devait prélever la différence [1]. Ce lot fut mis en dépôt chez un banquier génois, comme s'il s'était agi d'un simple prêt sur gages. Notons en passant que le dépôt de joyaux de cette nature entre les mains d'un prêteur n'avait en soi rien d'anormal ; il s'était renouvelé périodiquement, vers la fin du XV⁰ siècle et le commencement du XVI⁰, à chaque vacance du Saint-Siège. Mais en 1798, il s'agissait de réaliser une somme énorme, 8 millions de francs.

Cette fois-ci encore l'évaluation de ces joyaux donna lieu à de graves difficultés : d'après les agents du gouvernement pontifical, ils valaient 10 millions ; d'après ceux du gouvernement français 6 millions seulement [2].

Après l'assassinat de Duphot, le gouvernement français donna l'ordre de vendre purement et simplement les diamants déposés à Gênes [3]. Le dernier lot, évalué 5 millions de livres, produisit, aux enchères, 3.549.055 livres, chiffre auquel il faut ajouter 33

---

[1] Moroni, *Dizionario*, t. LXXVI, p. 324.

[2] 14 mai 1797. « Le pape nous a donné 8 millions de diamants, qui, à l'évaluation de Modène, ne valent pas davantage que 4.500.000 francs. Bonaparte ». (*Correspondance de Napoléon Ier*, t. III, p. 60). 5 janvier 1798. « Il n'y a aucune mesure à prendre pour les diamans de Rome. Ils sont à Gênes pour répondre des lettres de change que Rome a donné (*sic*) pour solder sa contribution, ce ne sera qu'autant que vous lui en imposerez une nouvelle que nous aurons quelque chose à réclamer de cette cour ». Haller (au général en chef). (*Archives du ministère de la guerre*). « Le Cen Bonaparte me fait part que la Cour de Rome n'est pas dans les dispositions de payer le million qni vous est encore dû. Dans la circonstance présente vous devez mettre le séquestre sur les diamants que le Pape a, dit-on, encore à Gênes et dont la valeur est de plusieurs millions ». Berthier à Haller. Mantoue, 17 nivôse an VI (*Archives du ministère de la guerre*), fol. 20 v⁰). Cf. fol. 84.

[3] Redon de Belleville, *Notes et correspondance*, t. II, p. 15-19, 33-34, 40. Paris, 1892.

diamants invendus, d'une valeur de 977.008 livres, et pour 500.000 livres de diamants donnés en cadeaux. Au mois de floréal an VI, Haller demandait 850.000 francs pour ce qui restait de ce magnifique trésor et pour une épaulette en brillants [1].

Ces gemmes, auxquelles s'attachaient tant de souvenirs, ont été dispersées à tous les vents et il ne faudrait rien moins que la perspicacité d'un joaillier doublé d'un archéologue, tel que l'est M. Germain Bapst, pour les retrouver dans le trésor de quelque maison souveraine ou dans l'écrin de quelque femme de banquier archimillionnaire. Seule, l'émeraude ajoutée à la tiare par Grégoire XIII a surnagé : ses vicissitudes sont à la hauteur des insignes augustes dont elle faisait partie. Si je puis les retracer ici en détail, je suis redevable de cette bonne fortune à l'obligeante érudition de mon cher confrère M. le Dr Hamy, membre de l'Institut et archiviste du Muséum d'Histoire naturelle. Il a retrouvé dans le dépôt confié à ses soins toute la correspondance échangée au sujet d'un joyau sans prix, qui finit au milieu de la tourmente, par ne plus être considéré que comme un simple échantillon de minéralogie [2]. Mes lecteurs se joindront à moi pour féliciter M. le Dr Hamy d'une découverte qui fait connaître de si piquants épisodes d'histoire diplomatique.

Il résulte de ces documents que l'émeraude en question a figuré dans les collections du Muséum de 1798 à 1805, mais qu'à cette dernière date elle est reprise par Napoléon, pour être mon-

---

[1] « J'ai reçu aujourd'hui une lettre en date du 22 du ministre des relations extérieures, par un courier (*sic*) extraordinaire. Il m'enjoint de faire saisir les diamans de Rome. Je suis occupé de cette mesure qui annonce la rigueur que le Directoire veut mettre dans la juste poursuite de l'assassin de Duphot, et qui nous fait espérer qu'on en tirera une vengeance éclatante. » Gênes 18 janvier 1798. Faipoult (*Archives du ministère de la guerre*).

[2] Nous chargeons le courrier de remettre ar. Directoire exécutif, avec notre dépêche, un paquet contenant pour le Museum d'histoire naturelle : 1o une grosse émeraude provenant de la couronne de Jules II ; 2o une plasmo d'opale en forme de poire. Ce sont deux bijoux du pape, sauvés du naufrage : la première était l'un des ornements de l'une des trois tiares (Lettre du 15 avril 1798 ; Taillandier, p. 139).

tée sur le tiare qu'il offrit à Pie VII. Elle a donc fait retour au Vatican, où elle se trouve certainement encore à l'heure qu'il est.

Aux citoyens composant l'Administration du Muséum d'Histoire narelle (Séance du 14 Prairial an 6, 2 juin 1798). J'ai l'honneur d'adresser à votre administration : 1° Une grosse émeraude provenue de la couronne du pape Jules II ; 2° une plasme d'opale en forme de poire.

Ces deux objets sont destinés au Muséum d'Histoire naturelle. Les commissaires du gouvernement français à Rome se sont servis de mon intermédiaire pour vous les faire parvenir. C'est une commission dont je me suis chargé avec d'autant plus de plaisir qu'elle me procure une nouvelle occasion de vous témoigner tout mon attachement pour votre établissement et pour ceux qui sont chargés de le diriger. Salut et fraternité. M. Révellère-Lépeaux. (Pièces annexes de la séance du 14 prairial an VI).

Séance du 7 brumaire an X (29 octobre 1799). Procès-verbal de l'estimation des diamans et pierres précieuses déposés au Muséum d'Histoire naturelle, faite par les jouailliers soussignés en vertu de l'invitation à eux faite par les Citoyens-Administrateurs dud. Muséum, au nom du Ministre de l'Intérieur. Savoir :... N° 7, art. 36. Une très belle émeraude de forme quarrée, taillée à biseaux en-dessus et à degrés en-dessous. Il y a une petite glace dans l'un des coins; elle pèse vingt-huit grains trois seizième de karast; sa superbe couleur la rend très précieuse à la collection ; nous l'estimons *cinq mille francs*, cy 5000... Fait à Paris au Muséum National d'Histoire naturelle, le 29 vendémiaire, an X de la République Françoise et avons signé : Foncier, jouaillier, rue des Bons-Enfants, n° 1334. M. Etienne Nitot, jouaillier, place du Pont-Neuf, n° 34.

Paris, le 2 germinal an XIII (23 mars 1805). Le Ministre de l'Intérieur à Messieurs les professeurs-administrateurs du Muséum d'Histoire naturelle, au Jardin des Plantes. Sa Majesté l'Empereur a décidé, Messieurs, que les pierres précieuses qui ornaient la thiare du pape, et qui furent enlevés de Rome l'époque de l'invasion des Français, seraient remises à Sa Sainteté. Je vous invite donc à faire la recherche de toutes celles qui ont pu être déposés dans votre établissement.

« Monsieur le Secrétaire d'Etat vous aura peut-être déjà transmis des ordres à ce sujet. Mais je n'ai pas dû, de mon côté, négliger de vous faire connaître les intentions de Sa Majesté Impériale. J'ai l'honneur de vous saluer. Champagny ».

Cette lettre est communiquée à la séance du 6 germinal (27 mars 1805). « On a écrit au ministre, dit le procès-verbal, qu'il n'y avait d'autres pierres précieuses qu'une émeraude ; on lui demande l'autorisation pour la remettre (T. XII, p. 1) ».

« Maison de l'Empereur. Paris, le 4 floréal an XIII (24 avril 1805). Le Conseiller d'Etat, grand officier de la Légion d'honneur, intendant général de la maison de l'Empereur à Messieurs les professeurs-administrateurs du Muséum Impérial d'Histoire naturelle. J'ai rendu compte, Messieurs, à Sa Majesté l'Empereur et Roi de la demande que je m'étais permis de vous faire en mon nom de l'émeraude qui avait orné la thiare de Pie VI, pour la faire passer sur celle de Pie VII. Sa Majesté a lu dans la lettre même que vous m'avez fait l'honneur de m'écrire en réponse la nouvelle expression du dévouement pour sa personne dont vous avez donné tant de preuves, etc... Sa Majesté m'a fait connaître que l'émeraude dont il est question suffisait pour remplir ses vues.

« Comme la thiare du pape est sur le point d'être terminée, je remets à M. Auguste, orfèvre-joaillier, chargé de son exécution, une lettre que cet artiste vous présentera et par laquelle je vous prie, Messieurs, de vouloir bien remettre à sa disposition l'émeraude dont il vous donnera son récépissé. Agréez, etc. Clavet-Fleurieu.

« Au procès-verbal du 4 floréal an XIII (24 avril 1805). L'annonce de l'envoi de cette lettre est suivi de cette mention. « Le professeur de minéralogie est chargé de faire la remise de cette pierre précieuse et d'en tirer un récépissé » (t. XII, p. 17).

« Maison de l'Empereur. Paris, le 4 floréal an XIII (24 avril 1805). Le Conseiller d'Etat, etc. Je prie Messieurs les professeurs-administrateurs du Muséum impérial d'histoire naturelle de vouloir bien remettre à la disposition de M. Auguste, orfèvre-joaillier, l'émeraude qui ornait la thiare de Pie VI, et qui est destinée à orner celle que Sa Majesté l'Empereur et Roi donne en présent à Pie VII. M. Auguste en donnera son récépissé au pied de la présente invitation. Clavet-Fleurieu.

« Et au-dessous : j'ai reçu de Messieurs les professeurs et administrateurs du Muséum Impérial d'histoire naturelle, par les mains de M. Lucas, garde des galeries d'histoire naturelle, l'émeraude qui ornait la thiare de Pie VI et qui est mentionné en la lettre de Monsieur de Fleurieu, intendant général de la maison de l'Empereur et Roi, dont décharge. Au Muséum d'histoire naturelle, le 5 floréal an XIII (25 avril 1805). Auguste, orfèvre-joaillier ».

Cette pièce sera éposée sur le bureau de l'Assemblée des Professeurs le 11 floréal suivant (1er mai 1805).

« M. Lucas, garde des galeries d'histoire naturelle, dit le procès-verbal (T. XI, p. 118), dépose sur le bureau le récépissé que lui a donné M. Auguste, orfèvre joaillier pour l'émeraude qui ornoit la Thiare de Pie VI, et qu'il étoit autorisé par M. l'Intendant de la maison de l'Empereur à retirer des galeries d'histoire naturelle ».

Cette pièce sera déposée aux Archives et M. Molinos est invité à faire déposer cette pièce précieuse, d'en constater la pesanteur, ainsi que de tirer une copie de l'inscription qu'elle porte (T. XII, p. 18).

Séance du 25 floréal an 13 (13 mai 1805) (T. XII, p. 25). L'architecte présente le modèle en étain de l'Emeraude, qui a été remise par ordre de l'Empereur, pour orner la Thiare du Pape Pie VII. Elle porte pour inscription Grégoire XIII, Pont. Max. »

M. Molinos est remercié de ses soins. Ce modèle sera remis au Professeur de minéralogie pour être placé dans son dépôt avec une notice historique.

Je rattache aux diamants du Trésor pontifical les ornements sacrés à l'usage personnel des Papes. En 1797, Pie VII, pour payer la contribution de guerre que lui avait imposée le traité de Tolentino, donna l'ordre de fondre le fermoir de chape de Jules II, ciselé par Caradosso et le bouton de chape de Clément VII, ciselé par Benvenuto Cellini [1]. On ne saurait trop déplorer cette mesure, car qu'était la valeur intrinsèque de ces joyaux comparée à leur valeur artistique ? Pie VI, qui a rendu tant de services à la cause de l'antiquité, n'appréciait pas les œuvres du moyen-âge ou de la Renaissance ; n'avait-il pas fait détruire, quelques années auparavant, la grande tiare de Jules II sous le beau prétexte de la refaire dans une forme plus élégante !

Un événement considérable, sur lequel les détails font défaut, c'est la vente d'une partie du mobilier pontifical, dans les premiers mois de l'année 1798.

Le *Moniteur* ne se fit pas faute de censurer (pendant l'été de l'an VI), les commissaires français et le gouvernement romain, les

---

[1] « Après le traité de Campo-Formio, en 1797, toute l'orfèvrerie du Vatican fut fondue pour aider à payer la contribution de guerre, mise à la charge du gouvernement pontifical, et l'œuvre de Caradosso a partagé le sort d'un autre bouton de chape célèbre, fait par Benvenuto Cellini pour Clément VII, et détruit dans cette circonstance. Nous avons entendu raconter tous les détails de cette triste exécution, où beaucoup d'autres merveilles furent anéanties, par le dernier orfèvre du Vatican, M. Spagna. Il avait conservé une vive impression de ce massacre, auquel, très jeune, il avait assisté en qualité d'ouvrier » (Eug. Piot ; *le Cabinet de l'Amateur*, 1862-1863, p. 45).

premiers pour n'avoir pas assuré ou réservé à la France, le second pour n'avoir pas revendiqué pour l'Ecole de Rome, des œuvres aussi précieuses. Mais on allégua la situation dans laquelle se trouvait l'armée française et la pénurie du trésor public romain.

Deux suites de tapisseries célèbres, les *Actes des Apôtres*, d'après les cartons de Raphaël, et les *Scènes de la vie du Christ*, d'après les cartons de ses élèves, furent acquises à cette occasion, moyennant 1.250 piastres pièce, par une société de brocanteurs français.

Le récit d'un écrivain anglais, qui fut témoin oculaire, nous fournit quelques détails sur cette vente [1]. L'auteur raconte que les autorités françaises, aussitôt après l'occupation de Rome, c'est-à-dire dans les premiers mois de 1798, confisquèrent tous les objets précieux du Vatican. La compagnie ou société de brocanteurs (*the company of brokers*) qui suivait l'armée fut admise à acheter, au prix fixé par elle-même (*upon their own terms*), tout ce qui était à sa convenance. Le reste fut vendu aux juifs du Ghetto.

Voici ce qui se passa pour les tapisseries de Raphaël : lorsque vint leur tour, on pria un employé du Vatican, présent à la séance, de dire combien elles valaient. Celui-ci les estima 1.200 piastres chacune. « Bien répondu, mon brave, s'écria un des brocanteurs, nous sommes d'accord sur le prix ; j'ajoute même encore 50 piastres à votre estimation. » Il n'y eut pas d'autre offre et les précieuses tentures furent adjugées chacune 1.250 piastres, soit environ 7.000 fr. Plus tard, Visconti, alors consul, fit des démarches pour recouvrer les chefs-d'œuvre de Raphaël, car, malgré la prétendue publicité de la vente, les autorités (*the ostensible governors*) n'en avaient même pas été prévenues. Mais le bénéfice demandé par l'acquéreur fut si grand que l'on dut renoncer, vu l'état des finances publiques, à lui racheter sa proie.

---

[1] Duppa, *A brief Account of the Subversion of the papal Government 1798*. Londres ; 2e édit. 1799, p. 58-62). Cf. La *Chronique de l'Art*, de 1877, p. 273-264.

Quoique hâtives et tumultuaires, ces ventes n'en avaient pas moins leur valeur au point de vue légal. Le gouvernement français, qui avait été tenté un instant de reprendre aux acquéreurs les tapisseries de Raphaël, fut forcé de reconnaître la validité de la cession qui en avait été faite. Une lettre de Chaptal, qui existe dans les Archives du Louvre et qui m'a été signalée dans le temps par M. Courajod, ne laisse aucune place au doute [1].

Un mot encore sur les tapisseries de Raphaël : en 1808, elles avaient repris leur place au Vatican [2].

Il n'en fut pas de même d'une foule d'autres tentures précieuses provenant du garde-meuble pontifical : les *Enfants jouant* (je parle de l'exemplaire ancien exécuté au XVIe siècle) et les *Grotesques* ont disparu sans retour.

Envisageons à leur tour les vicissitudes des établissements religieux.

Les troubles qui suivirent l'assassinat du général Duphot furent des plus préjudiciables aux œuvres d'art de toute nature conservées dans les églises [3]. Assurément, il ne faut pas prendre au pied de la lettre les doléances de Paul-Louis, porté de sa nature, comme on sait, à la misanthropie ; n'affirme-t-il pas que « tout ce qui était aux Chartreux, à la villa Albani, chez les Far-

---

[1] « Paris, le 18 thermidor an IX. Le Ministre de l'intérieur aux citoyens Coen, Nouvel et compagnie. « J'ai reconnu, citoyens, la légalité de la vente qui vous a été faite à Rome des tapisseries du Vatican, dites de Raphaël, qui sont en ce moment déposées au Musée central. Je ne dois pas permettre que vous restiez plus longtemps privés de votre propriété. Vous pouvez vous présenter à l'administrateur du Musée central ; il est autorisé à vous remettre ces tapisseries. Je vous salue. — Chaptal ».

[2] Voyez mon *Histoire de la Tapisserie en Italie...*, p. 21-22.

[3] « Pour toute réponse, il suffit de rappeler que, dès l'arrivée des troupes à Rome, c'est-à-dire dès le 10 février, le commandant militaire de Rome laisse enlever, sans bordereaux ni reçus, les diamants, tableaux, statues, objets d'art, matières d'or et d'argent appartenant au gouvernement, aux Anglais, à la maison Albani, aux émigrés, aux proscrits. » (*Mémoires du général baron Thiébault*, t. II, p. 167).

nèse, les Onesti, au museum Clémentin, au Capitole, est emporté, pillé, perdu ou vendu, que les Anglais en ont eu leur part », etc. [1] Néanmoins, il est certain que les ouvrages d'orfèvrerie entre autres furent cruellement maltraités [2]. On déplore notamment la destruction des deux chefs de Saint-Pierre et de Saint-Paul : ces insignes monuments d'orfèvrerie, commandés par le pape Urbain V, en 1369, à Giovanni di Bartolo de Sienne, figurèrent jusqu'en 1799 dans la basilique de Latran. A ce moment, ils furent dépouillés des pierres précieuses qui les ornaient et jetés à la fonte [3].

Dans cette occurrence encore, Gaetano Marini intervint comme le génie tutélaire des collections romaines. Par ses soins, « les tableaux précieux des églises détruites ou fermées furent transportés au Vatican et déposés dans l'appartement du cardinal bibliothécaire ; il recueillit de même quelques objets d'art, parmi lesquels il cite un *Christ* d'ivoire provenant de l'église de San-Paolino alla Regola, et les estampes de la Chartreuse [4]. »

Qu'il me soit permis, en terminant cet essai, d'associer dans un commun hommage le savant romain et le savant français, Marini et Daunou ; tous deux, dans des camps opposés, forcèrent l'estime et le respect de leurs adversaires, par leur érudition, par leurs rares aptitudes d'organisateurs, et plus encore par leur stricte probité professionnelle.

---

[1] Lettre du 8 janvier 1799.

[2] 23 février 1798. « J'ai autorisé, de concert avec Masséna, qu'on s'emparât de l'argenterie des églises à Rome ». (Berthier au Directoire). — 28 février 1798. — Lors de l'insurrection, les officiers réunis au Panthéon demandèrent compte « de l'argenterie enlevée aux églises ». (Berthier). — Dans une lettre du 26 février, Masséna dit que les officiers français se plaignaient de ce qu'on avait enlevé les argenteries des églises des Peuples étrangers avec lesquels nous étions en paix (Archives du Ministère de la guerre).

[3] Cancellieri, *Memorie storiche delle sacre teste dei SS. Apostoli Pietro e Paolo e della loro solenne ricognizione nella Basilica Lateranense fatta da Papa Pio VII, con una appendice di documenti*. Rome, 1806.

[4] Communication de M. Battifol : *Bulletin de la Société des Antiquaires de France*, 1889, p. 108.

De même qu'à Vérone, l'on s'était attaqué aux collections des Gazzola et des Bevilacqua, de même à Rome on confisque celles des Braschi et des Albani, accusés de complicité dans l'assassinat du général Duphot. La correspondance de Daunou fournit des détails importants sur les emprunts faits à la villa Albani : le 3 avril 1798, il y est question de 290 caisses tirées de cette collection célèbre et destinées au Museum de Paris [1].

Quelques chiffres pour donner une idée de ces richesses, les plus considérables, à coup sûr, qu'un vainqueur eût emportées depuis la chute de l'Empire romain. Le 22 mai 1798, Daunou parle de 450 à 500 caisses remplies de livres, de manuscrits, de médailles, d'antiques, de tableaux, de marbres, de statues, de gravures, de poinçons et de caractères, pesant ensemble 30,000 quintaux [2].

Le « Specchio generale », qui comprend et les envois de Bonaparte, à la suite du traité de Tolentino, et les envois de Berthier, mentionne de son côté 6 statues colossales, environ 170

---

[1] « Vous faites ici, en objets d'art, de belles acquisitions. La Villa-Albani est un magnifique muséum. On ne sera embarrassé que sur le choix. La bibliothèque nationale aura une grande partie des livres qu'elle demande ; elle aura, de plus, un assez grand nombre de manuscrits qui nous semblent précieux. — D'après une lettre que nous avons reçue du ministre des relations extérieures, on a commencé l'emballement des objets de sculpture de la Villa Albani, propriété de la république française. Le transport coûtera cher, mais il n'équivaudra guère qu'au dixième de la valeur des objets qu'il serait d'ailleurs difficile de bien vendre ici : vous n'avez point encore à Paris de Muséum de sculpture proprement dit. En laissant dans la Villa Albani près de trois cents objets, ceux qui sont déjà désignés pour nous être envoyés rempliront deux cent quatre-vingt-dix caisses ». (Taillandier, p. 132).

[2] Taillandier, p. 147-147. Cf. la *Correspondance de Napoléon Ier*, t. III, p. 653-654. — D'après une note dont je suis redevable à l'obligeance d'un ami, les deux volumes n°s 926 et 927, des Archives du Ministère des affaires étrangères, contiennent, pour l'année 1798, une série de pièces intéressantes pour l'histoire de la Villa Albani et pour celles des collections romaines en général, à savoir : n° 926, fol. 38, un document relatif aux manuscrits du Vatican ; fol. 164, un autre relatif à la confiscation de la collection Albani; fol. 184, un bordereau des monuments saisis ; vol. 927, ff. 103, 130, 131, d'autres documents sur la collection Albani et sur les œuvres d'art enlevées au Vatican.

statues et groupes, 36 masques et bustes colossaux, 180 hermès, bustes (parmi eux quelques bustes modernes), statuettes, cadrans solaires, etc.), une infinité de bas-reliefs, de mosaïques, de terres cuites, de colonnes, de vasques, de candélabres, de bronzes, de fresques antiques, etc., etc., 15 vases étrusques, des manuscrits, livres, dessins, gravures non spécifiées ; enfin le service de dessert des Braschi et 22 peintures.

Les cent chefs-d'œuvre, régulièrement livrés, furent embarqués à Livourne [1] et arrivèrent à Paris sans trop de vicissitudes. Leur enlèvement ne fut pas sans soulever de nombreuses protestations, même parmi les amis de la France. C'est ainsi que le *Corriere di Milano*, très favorable à notre pays, écrivait ce qui suit, à la date du 7 mai 1797 :

« Bonaparte laisse le Pape à Rome, mais il en fait sortir l'*Apollon*. Certainement le prêtre est utile à Rome, mais Apollon est un dieu et ce dieu, autant que le prêtre, nourrit la cité qu'il habite, et ce dieu, plus que le prêtre, est la gloire de cette cité. L'*Apollon* — et quand nous parlons de lui, nous comprenons aussi toutes les grandes productions artistiques qui l'entourent — l'Apollon impose, au profit des habitants de Rome et de l'Italie, un immense tribut à tous les hommes qui cultivent les arts, de même que le pontife romain impose le sien à tous les Européens qui aiment les indulgences, les dispenses et les bulles de toute espèce [2]. »

Du moins, si le principe même de la spoliation des collections nationales doit être absolument réprouvé, il faut reconnaître

---

[1] « Les objets de Rome se réunissent tous à Livourne ; il serait urgent que le ministre de la marine envoyât les prendre par trois ou quatre frégates, afin de les mettre à l'abri de tous risques » (Lettre de Bonaparte au Directoire, 25 floréal an V ; 14 mai 1797). — *Correspondance*, t. III, p. 60). — On trouvera d'autres détails intéressants sur l'envoi, l'exposition ou la répartition de ces ouvrages dans l'*Histoire de l'art pendant la Révolution* de Renouvier (p. 405), dans les *Musées de Province* de Clément de Ris (éd. de 1872, p. 1 et suiv.), dans l'*Académie des Beaux-Arts* du comte Delaborde (p. 74-83). Sur le sort de la Bibliothèque du Vatican pendant cette période, voy. le mémoire que j'ai publié dans les *Mélanges Julien Havet*.

[2] Trolard, *De Rivoli à Marengo et à Solférino*, p. 112.

que rien n'égala la sollicitude avec laquelle les commissaires français procédèrent au transport de ces précieuses dépouilles.

Les conservateurs de nos collections parisiennes s'empressèrent, de leur côté, de mettre en lumière les chefs-d'œuvre recueillis en Italie. Tableaux et statues furent exposés au Louvre au fur et à mesure de leur arrivée.

Une des notices imprimées à cette occasion signale l'état de détérioration où se trouvaient les plus précieux tableaux : ils demandaient, ajoute-t-elle, de promptes réparations pour éviter une ruine totale ; aussi l'administration pensa-t-elle que « le seul moyen d'en faire jouir constamment le public était de les faire rétablir avant de les exposer » ; elle s'en occupa avec toute la prudence qu'exigeait une opération de cette importance.

Parmi les tableaux restaurés ou rentoilés pendant leur séjour à Paris, il faut mentionner la *Vierge de Foligno* de Raphaël et le *Martyre de saint Pierre* du Titien[1].

Un mot seulement encore sur les cent chefs-d'œuvre livrés à la France par le traité de Tolentino : en 1815, au témoignage de Mgr Carini, soixante-dix-sept d'entre eux seulement firent retour au Saint-Siège[2].

XII

Le gouvernement de la Toscane avait, de longue date (4 février 1794), conclu avec la République un traité de neutralité : cette province échappa ainsi pendant plusieurs années aux horreurs de la guerre. Ce ne fut qu'en 1798 que nos troupes renversèrent le grand-duc Ferdinand III et établirent un gouvernement provisoire. A ce moment, le commissaire Wicar[3], assisté

---

[1] Voy. la *Notice de plusieurs précieux tableaux recueillis à Venise*. Le carton de l'*Ecole d'Athènes*, enlevé à l'Ambrosienne de Milan, fut également restauré : Voy. Reiset, *Notice des Dessins... du Louvre*; première partie, p. XLI.

[2] *Spicilegio Vaticano*, t. I, p. 276. Rome, 1890.

[3] Ce même Wicar qui avait contribué à dépouiller l'Italie de tant de trésors, fut un des plus chaleureux défenseurs de la pétition par laquelle l'Académie romaine de Saint-Luc demanda, le 19 juin 1814, la restitution des chefs-d'œuvre

des peintres italiens Benvenuti et Fadi, fit choix de soixante-trois tableaux appartenant à la galerie Pitti, ainsi que de vingt-cinq mosaïques, qui tous prirent le chemin de Paris [1] (sept de ces tableaux et trois mosaïques, nous affirment les auteurs italiens, ne revinrent jamais à leur poste primitif). Mais lorsque les commissaires voulurent s'attaquer au musée des Offices, ils trouvèrent chez le directeur Tommaso Puccini la résistance à la fois la plus habile et la plus opiniâtre [2]. On en jugera par ce spécimen épistolaire.

« Citoyens directeurs. Votre commissaire Calas m'a ordonné de remettre entre ses mains les plus beaux camées et les plus rares médailles, conservés dans cette galerie. Ce sont ces mêmes camées que, pour me conformer à vos désirs, qui m'avaient été communiqués par le Gouvernement passé, j'avais choisis, classés et moulés en soufre, pour vous envoyer, en même temps que mon illustration (commentaire) alors terminée, le nombre de séries qui vous auraient le mieux plû. Autorisé par le citoyen Joly, délégué du commissaire du Gouvernement français pour la conservation des établissements des beaux-arts de la Toscane, et par suite à la direction de la galerie, j'ai refusé de me rendre à cette demande ; mais en considération d'un dommage imminent, ma douleur, l'attachement à la patrie, l'amour des arts, la confiance dans votre justice, m'ont excité à recourir à vous, afin que vous consentiez à conserver avec ces monuments précieux l'antique honneur de la galerie étrusque, les moyens d'éducation pour nos artistes, pour nos amateurs de la docte antiquité [3].

« Considérez, citoyens directeurs, que par une loi d'État fondamen-

enlevés à la Ville éternelle. Voy. (Betti, *Notizie... del cav... Giambatista Wicar*, p. 12-13. Rome, 1834). — Dupay, *Notice sur la vie et les ouvrages de Wicar*, p. 42, Lille, 1844. — Un point intéressant à élucider serait la provenance des œuvres d'art recueillies pour leur propre compte par certains commissaires aussi ardents que clairvoyants, tels que Wicar.

[1] La liste des 63 tableaux enlevés en 1799 à la galerie de Florence est imprimée dans la *Storia civile della Toscana* de Zobi (t. III, app., p. 92-95). D'autres ne parvinrent jamais à destination. On trouvera, d'autre part, l' « Inventaire descriptif des tableaux et autres objets d'art recueillis au palais Pitti, à Florence, et remis au Musée central par le citoyen Calas, agent du gouvernement en Toscane », dans *la Toscane et le Midi de l'Italie* de M. de Mercy, t. I, p. 459-468.

[2] Gotti, *le Gallerie di Firenze*; Florence, 1872, p. 191-202, 359-367.

[3] Zobi, t. III, App. p. 95-96.

tale, scrupuleusement respectée jusqu'ici, les objets composant la galerie n'appartenaient pas au grand duc de Toscane, mais bien à la nation. Considérez que Ferdinand III ayant pu s'en emparer de vive force avant son départ, s'en est abstenu, parce qu'il n'en avait pas le droit ; il était si éloigné d'en tenter l'usurpation que jusqu'aux derniers jours de son règne il s'est montré plein de libéralité pour diminuer sa collection privée afin d'en enrichir ce sanctuaire public des arts et de pourvoir à l'accroissement de la galerie, sans imposer de sacrifices aux finances. Voudriez-vous user des droits de la guerre vis-à-vis d'une nation désarmée et pacifique, qui, si elle a eu le malheur de vous déplaire dans ces derniers temps, vous a été attachée si longtemps et avec tant de ténacité ; à une nation si souvent louée, vénérée et protégée par vous! Voudriez-vous lui enlever ce qu'elle a de plus sacré, la pupille de ses yeux, plutôt que de la distinguer dans votre générosité des nations qui ont pris les armes contre vous, et vous ont fait la guerre la plus cruelle, la plus acharnée! »

Parmi les grandes bibliothèques italiennes, la Laurentienne de Florence fut celle qui s'en tira à meilleur compte. Le commissaire Reinhard ne lui prit qu'un seul manuscrit, le célèbre Virgile d'Apronius (16 mai 1799). Elle rentra en possession du manuscrit le 29 mai 1816.

Par contre on songea un instant à envoyer en France l'obélisque de granit rose, qui, de la villa des Médicis à Rome, avait été transporté dans les jardins Boboli [1].

Bientôt, d'ailleurs la révolte des Arétins et la perte de la bataille de la Trebbia rendirent le pouvoir à la dynastie de Lorraine. Le Gouvernement grand ducal s'attendait toutefois à un retour offensif, et eut soin d'expédier à Palerme, pour les y mettre en sûreté, la *Venus de Médicis* et d'autre statues, ainsi qu'une série de tableaux précieux, les camées, etc. Vaine précaution ! Ni la cession de la Toscane aux Bourbons de Parme, ni l'établissement du royaume d'Etrurie, ne sauvèrent ces chefs-d'œuvre. Bonaparte ne se rebutait pas si facilement ; il avait admiré la *Venus* lors de son passage à Florence, ainsi qu'en fait preuve la lettre du 14 messidor an IV (2 juillet 1796), dans laquelle il écrit qu'il a vu la célèbre *Vénus*, qui manque au Muséum, et une collection

[1] Redon de Belleville, *Notes et correspondance*, t. 1, p. 228., Paris, 1892.

d'anatomie en cire qu'il ne serait pas indifférent d'avoir [1] ».
Ainsi chargea-t-il Clarke de demander au nouveau souverain de
la Toscane de livrer la *Vénus* « afin de la marier à l'Apollon du
Belvédère », qui était déjà installé à Paris [2]. Le roi et ses ministres résistèrent énergiquement : ils alléguèrent que ce monument
était la propriété de la nation entière et non sa propriété particulière, que l'amour-propre national serait froissé par une telle
cession, etc.

Le 4 mars 1802, le sénateur Mozzi écrit au général Clarke que
la dynastie de Lorraine avait respecté la galerie, comme propriété de l'Etat, que le général Dupont s'était engagé à mainte-
nir l'intégrité des établissements publics de la Toscane. Le 6 mars
suivant le roi d'Etrurie supplie le roi de Naples de ne pas céder
aux sollicitations qui lui seraient faites à cet égard, et celui-ci
de répondre, le 30 mars, qu'il considère ces ouvrages comme
un dépôt sacré, et qu'il les fera garder jalousement pour les rendre à première réquisition.

Ici se place un épisode d'histoire diplomatique des plus piquants : le premier consul, qui ne se tenait pas pour battu, ré-
solut de s'adresser directement au roi de Naples, simple dé-
positaire de la *Vénus* : il fit tant et si bien que ce prince lui aban-
donna le marbre qui ne lui appartenait pas. Le 9 septembre 1802,
le roi donna l'ordre à Puccini de livrer la *Vénus* au commissaire des relations commerciales de France, attendu qu'il résul-
tait du témoignage de l'ambassadeur français que son Gouvernement s'était mis d'accord avec le roi d'Etrurie. Pucccini eut
beau refuser de se dessaisir du dépôt sans un ordre écrit du souverain ; dès le lendemain, le rapt était consommé [1]. En ces temps,
on n'y regardait pas de si près !

En Toscane, comme en Belgique, comme en France, le Trésor
n'hésita pas, dans les moments difficiles, à battre monnaie avec
les ornements destinés au culte. Le 18 floréal an VII, un

---

1. *Correspondance*, t. I, p. 555.
² Zobis, t. III, App., p. 243-250.

décret du commissaire du gouvernement français ordonna que toute l'argenterie superflue des églises, temples ou synagogues de la Toscane serait transportée à la Monnaie de Florence. Heureusement, de nombreuses réserves étaient faites en vue des œuvres d'art proprement dites : c'est ainsi que les ornements unis aux images ou autres ouvrages dont on ne pouvait les séparer sans mutiler (« deturpare ») l'ensemble devaient être respectés. Il en était de même des ouvrages en argent ou autres matières précieuses offrant un intérêt artistique (« per l'eccellenza dell'arte »), etc [1].

J'aurais voulu compléter mon essai par un coup d'œil sur les vicissitudes par lesquelles passèrent les musées de Naples. Mais devant l'insuffisance des documents, il m'a paru préférable de renvoyer cette enquête à une époque ultérieure. Il me suffira de constater que nos troupes, en quittant Naples, après l'établissement de la République, dépouillèrent le musée de Capodimonte et vendirent le butin à Rome. En 1802, le gouvernement napolitain réussit à racheter un certain nombre de tableaux [2].

La même année, au mois d'octobre, le roi de Naples offrit à la femme du premier Consul un lot de peintures, de bronzes de bijoux et de vases, provenant tous de la Campanie. Comme il s'agissait d'un don fait à titre personnel, ces objets furent déposés à la Malmaison, sans que nos collections publiques en profitassent [3].

En résumé, les campagnes d'Italie nous valurent plus de 1500 manuscrits, se répartissant comme suit :

Bibliothèque Ambrosienne (chiffre non spécifié)
Duc de Modène 68
Bibliothèque de Bologne 500

---

[1] Zobi, *Storia civile della Toscana*, t. III, App., p. 100-102, Florence, 1851.

[2] *Napoli nobilissima*, 1895, p. 109-111, 156-157.

[3] Pottier, *Catalogue des Vases antiques de terre cuite du Louvre* ; Paris, 1896, p. 60.

Monza	115 environ
Mantone	15 environ
Véroue	30 environ
Venise	200
Vatican	500
Bibliothèque de Pie VI	44
Piémont	40 environ
Turin (1802)	15
Laurentienne (le Virgile)	1
	——
	1528 [1]

Infiniment plus précieux encore fut le butin d'art.

Un ouvrage anonyme publié en 1800 donne les énumérations ou les évaluations suivantes, qui sont toutefois exagérées ou même fantaisistes : argenterie et objets précieux des églises de Lombardie, des Légations, de Venise, de Modène, des Etats de l'Église = 65 millions ; meubles de l'archiduc Ferdinand à Milan et à Monza, plus 160 ballots d'objets précieux séquestrés à Bergame, 2 millions. — Meubles, bibliothèques, etc. enlevés au comte de Wilzech et aux autres émigrés, 1 million.— Vaisselle, meubles et objets appartenant à l'évêque de Trente, et emballés en 32 caisses, 700.000 francs. — Sac des villes vénitiennes et des palais sur la Brenta, meubles, bijoux... — Sac de Rome, du Vatican, des palais et des villas, objets en or et en argent fondus en Italie, 43 millions, etc., etc. [2].

On ne me demandera pas de tirer une moralité de l'ensemble des documents qui viennent d'être analysés. D'un bout à l'autre de mon travail, j'ai proclamé combien de telles annexions étaient abusives, et, qui pis est, quand il s'agit de politique, combien

---

[1] Delisle, *le Cabinet des Manuscrits*.

[2] *Le Ricchezze dell'Italia passate in Francia, ossia Prospetto delle Spoglie fatte dalla Republica francesca*. Cité par Trolard, *De Rivoli à Magenta et à Solférino*, p. 310-311.

elles étaient dangereuses. Vive avait été la joie causée par la conquête de tant de chefs-d'œuvre, mais plus cuisante encore fut la douleur causée par leur restitution. Peut-être me sera-t-il donné un jour de retracer cet épisode ; quelque attristants qu'en aient été les résultats, il fait le plus grand honneur au patriotisme, non moins qu'à la diplomatie, des conservateurs de nos grands dépôts publics.

Original en couleur

NF Z 43-120-B

PUBLICATIONS DE LA SOCIÉTÉ D'HISTOIRE DIPLOMATIQUE

Négociations relatives au congrès de Berlin, par le baron A. d'Avril. g⁴ in-8°, Leroux.
Publié sous les auspices de la Société.
Philippe V et la cour de France (1700-1715), par Alf. Baudrillart.
Supplément de la Revue, année 1889.
Documents sur la négociation du Concordat entre la France et le Saint-Siège (1800-1801), par le comte Boulay de la Meurthe, tomes I, II, III et IV.
Histoire de l'ambassade de France à Constantinople, par le marquis de Bonnac, publiée avec notes et appendices par Ch. Schefer.
Dépêches de M. de Fourquevaux, ambassadeur du roi Charles IX en Espagne (1565-1572), publiées par l'abbé Douais. Tome I, in-8.

PUBLICATIONS DES MEMBRES DE LA SOCIÉTÉ D'HISTOIRE DIPLOMATIQUE

Un message de l'empereur K'ia-K'ing au roi d'Angleterre Georges III, par A. Vissière. Extrait du Bulletin de Géographie historique et descriptive. 1895, in-8.

Un prédicateur populaire dans l'Italie de la Renaissance : Saint Bernardin de Sienne, par P. Thureau-Dangin. Paris, Plon, 1896, in-18, 2ᵉ édit.

Alexandre VI et le divorce de Louis XII, par R. de Maulde la Clavière. Extrait de la *Bibliothèque de l'Ecole des Chartes,*

Auguste Castan, sa vie, son œuvre (1833-1892), par Léonce Pingaud. Besançon, 1896, in-8°.

Le droit international dans les rapports des Slaves méridionaux au Moyen-Age, par M. Milenko R. Vesnitch (« Revue du droit international et de législation comparée », 1896).

Forteckning efter i Riksarkivet forvarade Ministeriella handlingar. XIV. Turcica (1890). — XX. Hollandica (1896), par M. Theod. Westrin. Stockholm (extr. du Compte-rendu au Roi par le chef des archives du Royaume).

Napoléon et ses récents historiens, par M. Geoffroy de Grandmaison. Perrin, in-8.

Les mille et une nuits d'une ambassadrice de Louis XIV, par R. de Maulde la Clavière. Paris, Hachette, in-16, 2ᵉ édit.

Bonaparte et Hoche en 1797, par Albert Sorel. Paris, Plon, in-8°.

Jean Perréal, dit Jean de Paris, peintre des rois Charles VIII, Louis XII et François Iᵉʳ, par R. de Maulde la Clavière. Paris, Leroux, in-18.

La papauté et la future guerre européenne, par le Cᵗᵉ de la Barre de Nanteuil. Paris, Lamule, in-18.

Histoire financière de l'Assemblée constituante, I. 1789, par Ch. Gomel. Paris, Guillaumin, in-8.

Petit traicté de l'origine des Turcqz, par Théodore Spandouyn Cantacasin, publié par Ch. Schefer. Paris, Leroux, in-18.

Notes de voyage en Thuringe, par le Vᵗᵉ M. Boutry. Moulins, Crépin-Leblond, g. in-8°.

La Société académique indo-chinoise de France, par le Vᵗᵉ M. Boutry. Paris, Alcan-Lévy, in-8°.

Histoire de l'armée de Condé pendant la Révolution française (1791-1801), par René Bittard des Portes. Paris, Dentu, in-8°, 400 pages.

Le sifflet au théâtre, par E. Rodocanachi. Paris, Ollendorff, in-8°, 24 pages.

L'assimilation française en Tunisie, par E. Rodocanachi. Paris, Nouvelle Revue, in-8°, 15 p.

Lettres de la duchesse de Broglie, publiées par le duc de Broglie, son petit-fils. Paris, Calmann-Lévy, in-8, 3ᵉ édit.

Une cour et un aventurier au XVIIIᵉ siècle. Le baron de Ripperda, d'après des documents inédits des archives impériales de Vienne et des archives du Ministère des Affaires étrangères de Paris, par Gabriel Syveton, agrégé d'histoire. Paris, Leroux, 1896, in-16, 309 p.